SONDAS *José de Paula Ramos Jr.*

SONDAS • José de Paula Ramos Jr.

© 1997 by José de Paula Ramos Jr.
ISBN: 85-85851-19-8

ATELIÊ EDITORIAL
Al. Cassaquera, 982
09560-110 • São Caetano do Sul • SP
Telefax • (011) 442 3896

Printed in Brazil 1997
Direitos reservados e protegidos pela Lei 5 988 de 14/12/1993. É proibida a reprodução total ou parcial sem autorização, por escrito, da editora.

SONDAS   *José de Paula Ramos Jr.*

Ateliê Editorial

Para Cláudia

SUMÁRIO

Apresentação de Antonio Medina Rodrigues ▪ **10**

Pórtico ▪ **12**

Coisa ▪ **14**

São Paulo by Starlight ▪ **16**

Noturno ▪ **18**

Epifania ▪ **20**

Gazal ▪ **22**

Eni ▪ **24**

Epitalâmio ▪ **26**

Cansó V ▪ **28**

Canção V ▪ **29**

A Luis de Camoens ▪ **36**

A Luís de Camões ▪ **37**

A Machado de Assis ▪ **38**

Salve, Cesário! ▪ **40**

Thinking on Pound ▪ **41**

O Pelicano ▪ **42**

Murilo Mendes ad oraculum ▪ **44**

Sobre O Postigo de Agrestes ▪ **46**

Peripoietôn ▪ **48**

Lennon ▪ **50**

A um Poeta ▪ **52**

De Inventione ▪ **54**

Gnose Lírica ▪ **56**

Andróptero ▪ **58**

Ode ▪ **59**

Elegia ▪ **60**

Mitologia ▪ **62**

Aquiles ▪ **64**

Canção de Anquises ▪ **66**

No Umbral de Hades ▪ **67**

Urano ▪ **68**

Zeus ▪ **72**

Posfácio de Frederico Barbosa ▪ **76**

APRESENTAÇÃO *Antonio Medina Rodrigues*

José De Paula Ramos Júnior é uma das poucas vozes de nossa poesia recente que aceita o desafio que a Musa nos tem feito com mais insistência, ou seja, o desafio de uma proposta autenticamente clássica e moderna. Desde o injustificável banimento curricular do latim e do grego de nossas escolas, as Humanidades vêm sumindo, e cada vez mais a poesia vem sendo subsumida pela esfera psicológica das experiências íntimas. Esse é o maior equívoco de nossos tempos. Ao lado dele, e como que a lhe dar respaldo, cresce a crença de que a poesia é só linguagem. Como se as palavras fossem alguma coisa sem a palpitação da vida e sem a irrigação da história na alma do poeta. Mais do que um homem de seu tempo, José De Paula é um poeta, e um grande poeta, que sabe colher suas flores em qualquer lugar e tempo onde o Espírito espalhe uma primavera. Sobretudo na Grécia.   Mas a ansiada síntese entre o que é arcaico e o que é moderno, De Paula não a realiza pela manipulação das belas-letras, mas pelo filtro natural de uma existência consagrada à poesia, ao ensino (também é grande professor) e sobretudo a uma indisfarçável revolta (fruto de participação política) contra a degradação da vida sob as malhas do capitalismo. Não obstante os compromissos do autor e do homem, a poesia de *Sondas* se abre para uma reflexão independente, e isso é o que podemos ler, por exemplo, nessa pequena obra-prima que é "Gnose Lírica", onde o classicismo, sem nada perder, aparece transfigurado no patetismo de nossos dias.   De Paula é um desses poucos poetas que nada escondem. Sua lira é clara, e, por isso mesmo, profunda. Também não é um poeta de dogmas e capelinhas. É uma voz sincera, que aceita e retrabalha contribuições vindas de esferas inspiratoriamente as mais diversas. De Paula é um experimentador. Pouco lhe importa a política literária e a tola fidelidade a credos de composição e estilo. Eu, que tenho partilhado de sua amizade e de seu trabalho por mais de duas décadas, só me posso sentir honrado de ter um grande poeta como amigo e um grande amigo como poeta.

PÓRTICO

Palavra: na memória
o dia passado grava,
aclara a vida em curso
e a vindoura via lavra.

c o i s a

COISA

DITA

É

IN

TRANS

POSTA

COISA

POSTA

TRANS

IN

É

DITA

COISA

SÃO PAULO

Luzes pelas frestas,
vozes eletrônicas em surdina,
a porta fechada.
Lá dentro talvez uma estufa,
talvez uma flor, talvez o tédio,
talvez o ócio gozoso do sexo.
Lá fora a cidade atroa.
Os homens, imersos em seus destinos,
os caminhos fazem e os fazem os caminhos.

Qual o beijo de tua boca?
Que aurora floresce em tuas pernas?
Teu corpo, tatuado pelas cores da TV,
é noite de duas semiluas, palpitantes,
com aroma de amora.

A névoa envolve a cidade;
as árvores da tardia primavera
não brotaram.

O corredor escuro cega o olho mágico.
Batem à porta.
Tu abrirás?
Que segredo esconde a escuridão,
que mistério? O cachorro latiu.
Haverá flores?
Haverá facas?

BY STARLIGHT

Um professor foi baleado,
mas um chofer assassinado,
outro estupro, estuporaram o guarda,
atropelaram o padeiro, bateram na vizinha,
roubaram o teu chefe, quase levam
a tua bolsa,
a fome saqueou o mercado.
– Cadê o toucinho que estava aqui?
– O gato comeu!

Os bares boquejam banalidades,
Anactória bêbada tropeça nas mesas tristes,
pingüins suam como garçons,
José Celso Martinez Correia,
de calça xadrez, envolto em confete,
evola-se como nuvem.

Um homem bate à porta.
Tua garganta modula
um som mais doce que o conforto;
o canto trêmulo de tua voz indaga;
– Quem é?
Um homem bate à porta.
Trará um buquê?
Trará uma bala?

A negra noite das estrelas corre solta
o meigo sol demora a colorir
a pálida face da manhã.

noturno

A noite envolve a cidade em seu negro manto.
Bruxuleia uma luz bailarina,
nos becos e vielas do estuário.
Mistura de sons e odores:
rock almiscarado, bolero canabino.
Mistura de cores, raças e sexos.
Casos de amor violento:
marinheiro loiro grandalhão,
capoeira mulato franzino,
lindíssima mulher-arco-íris:
espalhafato de punhos e pernas.
Casos de amor mercenário:
– não se beija boca de cliente.
Casos de amor desesperado:
corista fugiu com garçom bonitinho;
baterista tomou tremendo porre

a ouvir Roberto Luna.
Rolam bolas no bilhar;
caçapas devoram dinheiro de patos.
Nos bairros civis, casas dormem burguesas
e sonhos semeiam inquietudes nas famílias.
Tinge-se de nódoa parda o lençol adolescente;
no leito virginal, a menina morde os lábios
e exala o primeiro cheiro de fêmea;
na alcova, o marido ronca funcionário
e a mulher dança um fox com o galã de TV.
Nos morros, barracos resistem.
A lua fura o zinco dos telhados
e as estrelas espiam indiferentes
a cabrocha e o violão.
É noite; alheia a seus mistérios,
a polícia circula sem metafísica.

Ninfa da manhã, matinal magia,
miragem na bruma plúmbea.
À margem do trêfego tráfego,
que trepida estremunhado,
esvoaças distraída na calçada,
como um langoroso sonho.
....
Solavancos no meu coração.

GAZAL

Mulher de riso mordaz,
teu encanto tirou-me a paz.

Tua beleza é conhecida
em Biblos, Meca e Chiraz.

Os dervixes do deserto,
cameleiros e felás,

mulheres de Samarcanda,
mercadores de Bagdá

beduínos, tuaregues,
e quantos no mundo há,

conhecem a tua glória,
nessa terra de Alá.

Também se conhece o dito:
– A todos devastarás.

Está escrito: – *Maktub!*
A lei não pode mudar.

Mas no mistério do mundo,
a sorte pode virar.

Então o timbre do riso,
que hoje parece mendaz,

não será mais tão ingrato,
e meus dias terão paz.

ENI

Eni era mulata,
não bonita,
encantadora.
Um riso flutuava em sua boca,
larga como a generosa barra de Praia Grande,
sempre aberta aos navegantes.
Meu irmão e eu brincávamos
na traineira paralítica, que descansava do mar,
nas ondas de areia fofa.
Eni tomava conta de nós com um olho,
o outro estava estúrdio,
contemplando aquele peixe vermelho
nas mãos do marinheiro.

O pescado saído da rede,
vivo, vermelho, válido,
era todo dela.
O peixe fremia nas mãos do pescador,
crescendo ao olho alucinado de Eni.
Ela aceitou a oferenda,
disse: – *Obrigada!*
E baixou os dois olhos.
O homem sorriu e voltou ao arrastão.
Eni levou-nos pra casa.
No caminho, meu irmão e eu catamos coquinhos,
no jardim da casa branca abandonada,
onde havia um grande salgueiro.
Eni ficou abraçada ao tronco um tempo,
sem sorrir, sem falar, olhar só para dentro.

À noite, jantamos peixe,
na despedida de Eni.

EPITALÂMIO

Salve, jovens noivos!
Felizes sempre sejam!
Os dias risonhos passem
juntos, sãos e namorados.
E quando com o outono
amarelecerem as folhas,
possam ver os filhos fortes,
frutos de fecundo amor,
que não fenece.

CANSÓ V

Jaufré Rudel

Lanquan li jorn son lonc en may
M'es belhs dous chans d'auzelhs de lonh,
E quan mi suy partitz de lay
Remembra•m d'un'amor de lonh;
Vau de talan embroncx e clis,
Si que chans ni flors d'albespis
No•m platz plus que l'yverns gelatz.

CANÇÃO V

Jaufré Rudel

Quando os dias são longos em maio,
Belo é o canto das aves de longe.
Quando me vou saudoso de lá,
Relembro-me de um amor de longe.
Com o ânimo abatido e sombrio,
Nem o canto, nem flor de albespinho,
Não me praz mais que o inverno gelado.

Be tenc lo Senhor per veray
Per qu'ieu veirai l'amor de lonh;
Mas per un bem que m'en eschay
N'ai dos mals, quar tan m'es de lonh.
Ai! car me fos lai pelegris,
Si que mos fustz e mos tapis
Fos pels sieus belhs huelhs remiratz!

Be'm parra joys quan li querray,
Per amor Dieu, l'alberc de lonh:
E, s'a lieys platz, alberguarai
Pres de lieys, si be'm suy de lonh:
Adoncs parra'l parlamens fis
Quan drutz lonhdas et tan vezis
Qu'ab bels digz jauzira solatz.

Bendito seja o Senhor, cruzado
Deus, por quem verei o amor de longe;
Mas por um bem que me seja dado,
Sofro dois males – distante é o longe.
Ai! se lá eu fosse um peregrino,
Se mia capa e bordão de andarilho
Fossem por seus olhos remirados!

Que alegria, quando contemplado,
Por amor de Deus, o amor de longe.
E se for seu desejo, albergado
Perto de si, embora de longe
Seja, serei. E direi os ditos
Corteses que no canto cultivo,
Pra seu coração ver alegrado.

Iratz e gauzens m'en partray,
S'ieu je la vey, l'amor de lonh:
Mas non sai quoras la veyrai,
Car trop son nostras terras lonh:
Assatz hi a pas e camis,
E per aisso no•n suy devis...
Mas tot sia cum a Dieu platz!

Ja mais d'amor no•m jauziray
Si no•m jau d'est'amor de lonh,
Que gensor ni melhor no n•sai
Ves nulha part, ni pres ni lonh;
Tant es sos pretz verais e fis
Que lay el reng dels Sarrazis
Fos hieu per lieys chaitius clamatz!

Mágoa e gáudio me irão misturados,
Se eu vejo a que eu desejo de longe.
Não sei quando a terei admirado,
Pois nossas terras distam de longe;
Separam-nas passos e caminhos
Que não posso prever. O destino
Seja como de Deus é o agrado!

Jamais de amor terei gozado,
Se não gozar desse amor de longe,
Que gentil nem melhor é encontrado,
Em parte alguma, de perto ou longe.
Tanto é seu valor, veraz e fino,
Que, em reino sarraceno, cativo
Seu eu seja por ela aclamado!

Dieus que fetz tot quant ve ni vai
E formet sest'amor de lonh
Mi don poder, que cor ieu n'ai,
Qu'ieu veya sest'amor de lonh,
Verayamen, en tals aizis,
Si que la cambra e•l jardis
Mi resembles tos temps palatz!

Ver ditz qui m'apella lechay
Ni deziron d'amor de lonh,
Car nulhs autres joys tan no•m play
Cum jauzimens d'amor de lohn.
Mas so qu'ieu vuelh m'es atahis,
Qu'enaissi•m fadet mos pairis
Qu'ieu ames e nos fos amatz.

Mas so qu'ieu vuoill m'es atahis.
Totz sia mauditz lo pairis
Qe•m fadet q'ieu non fos amatz!

Deus, que fez o presente e o passado
E deu forma a esse amor de longe,
Permita que eu veja encorajado
O sonho de ter o amor de longe
Presente, seja onde for. Seu abrigo,
Seja sala, jardim ou postigo,
Brilhará qual palácio encantado!

É verdade que eu vou apressado
E desejoso do amor de longe.
Nenhum outro gozo me é tão grato
Como a alegria do amor de longe.
Só que eu quero o que me é interdito,
Pois que, quando nasci, meu padrinho
Quis que eu amasse e não fosse amado.

Só o que eu quero é que seja maldito
O padrinho que pôs o feitiço
Que me fadou pra não ser amado!

A LUIS DE CAMOENS

Jorge Luis Borges

Sin lástima y sin ira el tiempo mella
Las heroicas espadas. Pobre y triste
A tu patria nostálgica volviste
Oh capitán, para morir en ella

Y con ella. En el mágico desierto
La flor de Portugal se había perdido
Y el áspero español, antes vencido,
Amenazaba su costado abierto.

Quiero saber si aquende la ribera
Última comprendiste humildemente
Que todo lo perdido, el Occidente
Y el Oriente, el acero y la bandera,

Perduraría (ajeno a toda humana
Mutación) en tu Eneida lusitana.

A LUÍS DE CAMÕES

Jorge Luís Borges

Sem cólera e sem choro o tempo mela
as heróicas espadas. Pobre e triste
voltaste à pátria, assim como partiste,
para morrer, meu capitão, com ela

e nela. Nesse mágico deserto,
a flor de Portugal se havia perdido,
e o áspero espanhol, antes vencido,
sua fronte e flanco ameaçava esperto.

Quero saber se aquém da derradeira
margem tu percebeste humildemente
quanto todo o perdido, do Ocidente
ao Oriente, o grisalho aço e a bandeira,

perduraria (alheio a toda humana
mutação) em tua Eneida lusitana.

A MACHADO DE ASSIS

Menino, no caminho da escola primária,
teu nome eu soletrava na placa de rua,
sem saber mais que o som daquelas letras nuas,
entre ramos dourados de cachos de acácias.

Quem foste, velho bruxo? Ao desnudar falácias,
expor que a vida é um vício e um vaso de imposturas,
os livros, que escreveste na idade madura,
mostraram a alma humana, e como ela é precária.

Bentinho, Capitu, Cristiano, Sofia,
Quincas Borba, Brás Cubas, Simão Bacamarte,
Dona Carmo, Virgília, Paulo, Pedro, Flora,

e tantas personagens que não digo agora,
criaste, entre o riso irônico e a melancolia,
como acácias eternas no jardim das artes.

SALVE, CESÁRIO!

A tua poesia sempre foi precisa
nas miúdas coisas do cotidiano.
As ruas buliçosas, o metano
gás, barracões de gente pobrezita,

o salto exagerado das botinas,
as calçadas minadas pelos canos,
no campo o louro sol por entre os ramos,
o teu canto prosaico tematiza.

A reles crítica foi teu sudário
em vida, mas fugiste para a glória,
em silêncio de pedra e de cipreste.

Hoje, lembramos teu aniversário
lá no Prazeres, porque tua memória
é seminal, Cesário, sempre Verde!

THINKING ON POUND

Don't give up,
take it to you,
but make it new.
Catch the words
tenderly,
like the cloud includes
the water sprite
to restore
the rainbow.

O PELICANO

Para Manuel Bandeira

Um velho pelicano pousou
num banco de pedra da praça.
Pedestres paravam, olhavam,
debochavam de penas e rugas,
duvidavam que voasse.
A ave olhava as mulheres
e via uma estrela indizível
a rojar a orla da praia,
a luzir na garupa do mar.
O pássaro contemplou a Glória,
a baía, a linha do horizonte.

Cansado de tanto azul
e do bulício das gentes,
abriu as asas de impossível plumagem.
O pelicano planou
sobre a Lapa, o beco, o Curvelo,
antes de voar a um quarto
surgido das nuvens,
intato,
com livros e quadros,
branco,
para nunca mais.

**MURILO MENDES
AD ORACULUM**

Serei pastor de meus dias?
O que a alma e as cordas do cor?
Suaves sirenas sopram serenas
a manhã abismal ou delicada?
A voz do piano no caos,
firmamento,
movimento,
equilíbrio do azul rendilhado,
sussurra que segredo ao vento,
sol, lua, marés...?

....

Todo mortal lamento
não passa de escuma:
miragem de um susto, apenas.

SOBRE O POSTIGO DE AGRESTES

Para João Cabral de Melo Neto

João Cabral diz que vai calar,
alega que lhe falta o ar.

Onde o *cante* de Sevilha,
em verso de boa proa e quilha?

Onde mais se ler Pernambuco,
imagens como o osso-buco,

reinventadas na escritura
do osso que esconde a gordura?

Não mais se inventará, poeta?
Não é melhor a janela aberta?

PERIPOIETÔN

Para Augusto de Campos e Roberto Schwarz

O POETA PERITUDO,

O POETA PERIPAU:

PERITOS!

O POETA PERIEGO,

O POETA PERICLITÓRIS:

PERIGO!

PERIPOIETÔN:

O POETA PERIECO,

PERI,

RI

LENNON

Tudo o que brota e viceja,
tudo o que anda ou nada
sobre a terra múltipla,
de rútilas vias e antros
sombrios;
mesmo o espesso peso da pedra,
e tudo o que voa no céu:
ave ou nuvem, aeronave,
estrelas;
cada risco, cada susto revolvido
dentro da alma de borracha,
não passa de um cisco,
somente.

A semente dos morangos eternos
não vinga no campo do corpo:
floresce na carne
do verso.

A UM POETA

Para Frederico Barbosa

Agudo pensamento, coração preclaro,
o poeta
cata um grão esconso
no labirinto nada.
O poeta
a palavra vela
e o signo rala
na linha vasa:
muda geometria.
Eis, súbito, um projétil,
que não falha,
a língua tesa prepara.
O poeta,
zarabatana calada,
no silêncio do rigor,
raro artefato dispara.

1

Fico parado, quieto.
Se espero, nada vem,
Ou vem (pior!) postiço,
Fala falsa do que não há,
Palavras ocas, palavrório.
Nenhuma poesia pousa
Na página atulhada de signos.
E não há sintaxe que anime,
Prosódia melíflua que encante,
Ou truque de imagem que esconda
A só carcaça de versos.
O poema impostor não se impõe, perece.

2

Fico parado, quieto.
Se nada espero, nada vem,
Ou vem (bem!), sem querer.
Não se pode evitar.
Palavras aladas assumem controle
E semeiam a folha muda de signos,
Que dançam e cantam e rompem
A espessa caligem das coisas.
É quando a poesia pousa
Numa flor inútil
E nela deposita, como borboleta,
O pólen que a fertiliza.

GNOSE LÍRICA

A felicidade que sinto
não é menor que a dor do peito,
nem maior. Tem igual direito
sobre o coração, no recinto

dos dias idos: labirinto
das horas fiadas, sem jeito
de saber se o tecido é feito,
ou fautor dos sagrados ritos

da vida, a que são compelidos
os tristes viventes, transidos
do frio das estrelas remotas.

No canto, novelo das rotas
emaranhadas da experiência,
a imaginação é a ciência.

ANDRÓPTERO

O primeiro alimento humano é o ar,
mas tudo começou na água úmida.
Depois, nos arrastamos pela terra,
aprendemos o prumo sobre os pés,
libertamos as mãos habilidosas,
contemplamos o sol, vimos estrelas.
À ânsia dos pássaros, então, sentimos.
Fabricamos fogo, fala,
naus de cavalgar o mar
e asas mecânicas de voar à lua.

ODE

O lago espelha em sua lâmina de prata
a rama trêmula das árvores;
bois recurvos ruminam o sal da braquiária;
pedras lecionam silêncio;
pássaros navegam o azul.
Em tudo há presságios.

ELEGIA

Onde esplendem dias luminosos
De felicidade risonha, em que homens
Coroados dançam sobre a relva fofa,
Com pés descalços e braços
Erguidos para o alto?

Em que terra dadivosa floresce
Raça de alegria e cantos sagrados,
Que voam como pássaros,
Louvando claro dia e brilho
Louro do sol?

Em que pátria corre rio de suave fluxo,
Que toda sede sacia,
A entrar manso pelo flanco da terra
E vozear na pedra como água
De fonte segredante?

Onde brotam viçosas oliveiras,
Nutrizes de homens, parreiras
De sumosos cachos,
A prometer doce euforia
De divino vinho?

Tempo em que deuses repousavam
Ao lado de homens,
Na terra prenhe de frutos;
Paz serena pairava
Sobre os filhos todos da Terra.

Histórias de tempos passados;
A idade de ouro se foi,
Sem vestígio de seu rastro,
Nessa era de silício.

Deuses desertaram a terra,
Homens devastaram a terra.

MITO

Disseste:
– Ulisses, rei de Ítaca,
que lutou em Tróia
e muitos prodígios viu,
filho de Laertes e Anticléia,
neto paterno de Acrísio
(filho de Zeus),
neto materno de Autólico
(filho de Hermes),
esposo de Penélope,
pai de Telêmaco,
é lenda,
nunca existiu.

O G I A

Eu digo:
Tu, que nada tens de lenda,
que não és mito,
que és tão real, responde:
qual teu nome,
o de teus avós,
de teus pais,
de tua esposa e filhos,
quando tiveres
as idades de Ulisses?

AQUILES

A minha morte escolho nesta hora,
ao pé do corpo frio que jaz inerte.
No campo de batalha, junto a Tróia,
não mais verei, entrando nessa lenda,
sentado no divã, tocando a lira,
o amigo que foi morto em meu lugar.
Tristes despojos, Pátroclo divino,
regressas sem a vida e sem o escudo,
teu cadáver saqueado à tenda torna,
pilhado da armadura que envergaste.

Heitor, que te deu fim e agora empunha
as armas que brandiste bravamente,
ufano está do feito vitorioso.
Pois regozije enquanto a Moira escura
no gume de meu gládio não provar.
Bem sei que morrerei dessa vingança,
assim me foi predito pelos deuses;
mas nada vale a vida sem a cólera,
que me dará na morte eterna glória.

CANÇÃO DE ANQUISES

Não reflete o bronze polido
a imagem dos passados anos:
a fronte sem marca de cãs,
sem rugas, braços vigorosos,
luz no olhar, aprumado dorso,
viço na pele rosada,
pernas firmes. Oh, juventude!
Um dia, no passado esplêndido,
subi ao leito de Afrodite.
Agora, vejo a decadente
massa deformada insinuar,
na comissura de meus lábios
pensos, a pena iniludível,
que aguarda a todo ser humano.
Ao pé das muralhas de Tróia
devastada, deponho a lança
inútil, que vibrou outrora.

NO UMBRAL DE HADES

Venta sobre a terra devastada.
Séculos de pó e esquecimento;
escombros do passado soterrado;
fragmentos de lembranças esgarçadas;
sombras errantes de heróis.
A pátina do tempo, sobre os despojos das raças,
tinge de azinhavre as armas mudas,
entre carcaças de guerreiros.
No umbral de bronze derradeiro,
sepultar a memória da dor
venho, sem trazer no peito o coração,
que a lança de Pentesiléia régia ama.

URANO

Assim falou Urano portentoso;
"Desde que nasci para a eternidade,
muitas coisas vivi dignas de espanto.
Nascido da Terra, à Terra me uni,
lançando sêmen no fecundo ventre.
Pariu a Terra tremenda geração,
a que não permiti me importunasse
com suas impertinentes estultices.
No amplo útero trevoso da Terra,
permaneceu a prole a que privei
o brilho esplêndido do claro Dia.
Confiado em minha força, não cuidava
que maligna vontade me espreitava."
Assim falou Urano portentoso.
Disse aos filhos a Terra de amplas vias,
remoendo o rancor no coração:

"Desde que nasceu para a eternidade,
tramou contra nós o Céu constelado.
Parida, não pude expelir os filhos,
obrigados a viver soterrados.
Pode a mãe zelosa engendrar os filhos
para não vê-los germinar de si?
Retê-los na placenta protetora?
Que pai perverso é capaz de privar
da luz a prole que engendrei divina?
Tu, Oceano de fundos remoinhos,
empunharás o ferro que forjei?
Coios e Crios, Hipérion e Jápeto,
tu, também, Cronos de curvo pensar,
valentes varões, unamos nossas forças,
juntos tracemos o ardil que convém.
Filhas, virgens venerandas – Memória,

Febe, Téia, Réia, Têmis e Tétis –,
vinguemos o ultraje que sofremos."
Assim falou a Terra prodigiosa.
Calaram-se os Titãs, amedrontados.
Terrível, Cronos de curvo pensar,
regougando a raiva vozeou ousado:
"Desde que nasceu para a eternidade,
nosso pai nefando nos tem sido.
Ele tramou antes obras indignas,
indigna, prometo, será a sua sina."
Exultante, a Terra inculcou-lhe o ardil.
Cronos, oculto em côncavo abrigo,
atento empunhava a foice dentada.
Quando a negra Noite estendeu seu véu,

a tudo cobriu o corpo celeste,
rodeando a Terra, de desejo teso.
Saindo do oco, desferiu o golpe
o filho, ceifando o pênis do pai,
lançando o membro a esmo para trás.
O sangue do crime semeou a Terra.
Erínies que punem o parricídio,
grandes Gigantes de rútilas armas
e ninfas chamadas Freixo nasceram.
A carne imortal do mar infinito
pelas ondas vagou, ejaculando
branca espuma cascateante em torno.
Dela floresceu a áurea Afrodite,
filha do pênis, que a todos sujeita.

ZEUS

Zeus pai dos homens e dos deuses canto.
Cronos e Réia, unidos por Amor,
juntos geraram filhos: Héstia e Hera,
Deméter de sandálias purpurinas,
impiedoso Aidoneu que sob o solo
habita, Poseidon que abala o mar
e a terra, e o sábio Zeus tonitroante.

O soberano Cronos pensa-curvo,
que de Urano o poder arrebatara,
aos filhos não permite liberdade;
tão logo são gerados pela mãe,
pelo pai são de pronto devorados.
Réia, quando parir a Zeus devia,
às Erínies de Urano suplicou
justiça contra Cronos, que a privava
dos trabalhos maternos desejados.

Réia também pediu ajuda aos pais,
aos seus, à Terra mãe e ao pai celeste,
que ocultassem o neto nascituro.
Parido, o grande Zeus tonitroante,
em funda gruta de covil esconso,
a salvo estava. A Terra prodigiosa
enorme pedra encueirada a Cronos
conferiu com palavras enganosas:
"Eis aqui o rebento que engendraste.
Lamento que o destino reservado
a este novo deus seja funesto."
A pedra foi de pronto devorada.
Nutrido pela Terra prodigiosa,
a salvo estava o príncipe da sanha
do pai, que enorme pedra encueirada
devorou, sem pensar que era perfídia
a pedra que por filho era tomada.
Girou o tempo uma completa volta,
e Zeus consolidou sua força ingente.

A Terra astuta e o poderoso príncipe,
por seus desígnios, obrigaram Cronos
a vomitar primeiro a dura pedra.
Zeus a espantosa pedra crava em Delfos,
oráculos sagrados anunciando
à mortal passageira humanidade.
Após a rocha, foram expelidos
os deuses que no Olimpo têm assento:

Deméter, Héstia e Hera, Poseidon,
e o tenebroso Hades subterrâneo.
Então, Zeus das prisões liberta os tios:
Trovão, Relâmpago e violento Raio.
Agradecidos, eles doaram dons
com que golpeia Zeus os transgressores
da olímpica justiça do universo.

POESIA E INTEGRIDADE *Frederico Barbosa*

A poesia contemporânea brasileira tanto repete o famoso verso de Fernando Pessoa que acaba acreditando que o poeta é realmente um fingidor. Esquece-se "apenas" da continuação da estrofe; "finge tão completamente/que chega a fingir que é dor/a dor que deveras sente". O leitor atento há de perceber que o poeta parte de uma dor sua, real, integral. Só quem sente uma dor pode fingir outra que não sente. Só quem tem personalidade pode ser ator. **N**a poesia contemporânea brasileira abundam os poetas falsos, cheios de dúvidas e baratos, ousadias gastas, revoltas supérfluas, preguiça disfarçada de espontaneidade, pretensão passando por sofisticação, desleixo com a desculpa do pós-moderno. Sem o que dizer, escrevem poesia. Sem poesia, dizem-se poetas. São fingidos, não fingidores. **P**oucos param no ato, cortando e retocando o indispensável, revirando a tradição em busca do novo. Evitando embarcar nas inúmeras modas e ondas, sondam. Conhecendo-a, procuram ferir a tradição, nela fincando-se como sondas. Conhecendo-se, buscam nas suas dores formas novas de fingi-las, transformando-as em poesia; sondas. Sondas reais, integrais. Só quem tem personalidade para tanto pode interessar como poeta.   Essas *Sondas* não são as primeiras de José De Paula Ramos Jr. Em seu primeiro livro, *As Três Fontes da Juventude*, publicado há treze anos, o poeta nos dá uma pista para entendermos a demora na publicação do segundo: "O que sou/não/me/consola".   Insatisfeito consigo, o poeta demora anos depurando seu segundo livro. Segundo e certamente muito mais agudo e certeiro do que o primeiro. Mesmo porque separam-nos anos de trabalho com a poesia;

inúmeras análises e críticas, infindáveis leituras em sala de aula, estudos vastos e profundos da poesia alheia que se vão acumulando e finalmente brotam em *Sondas*. Mas principalmente porque o poeta não se acomoda aos meios e modos de expressão presentes no primeiro livro. Não se consola e busca melhorar, aprofundando e sofisticando o que é e como o expressa. Embora tão distantes no tempo e na elaboração poética, os dois livros não deixam de se relacionar. Se aquele organizava-se em torno de três "fontes", a do passado, a do presente e a do futuro, neste livro também são três as vertentes que se apresentam claramente: a sonda do pessoal, a sonda da metalinguagem e a sonda da mitologia. O livro se abre com a palavra "palavra". O poeta inicia sua obra apresentando-nos a dificuldade do fazer poético. A palavra, ímã iluminador, guarda o dia na memória, mas "coisa dita, é intransposta". A linguagem procura guardar e traduzir o mundo, mas, espelhada, encalacrada, só através de intenso trabalho, "via lavra", é capaz de "aclarar a vida"; transformar-se em verdadeira poesia. Nos poemas seguintes instala-se a sonda do pessoal. A busca de sentido na caótica noite paulistana, fragmentos da memória afetiva, epifanias diversas que trazem a marca do espanto do homem íntegro frente ao universo estilhaçado. Tudo isso elaborado com um esmerado cuidado com a música das palavras. Mas não uma música vaga, vazia de significado, e sim uma consciência musical instauradora de significados que remete à definição de poesia dada por Paul Valéry: "permanente hesitação entre som e sentido". Nos versos iniciais do poema "Epifania" podemos observar a sonoridade acrescentando ao significado do poema: "Ninfa da manhã, matinal magia,/miragem na bruma plúmbea./À margem do trêfego/tráfego, que trepida estremunhado". A coliteração inicial das consoantes nasais sonoras *m* e *n* reforça a descrição da visão doce e mágica da "ninfa" que é em tudo marginal à rudeza do "trêfego tráfego", mimetizada através da aliteração do encontro consonantal *tr*. Assim se constrói a verdadeira poesia: o som transformando-se em sentido. **D**epois do pessoal, a metalinguagem retorna com força total. O poeta agora traduz. De início, literalmente. Uma tradução do trovador provençal Jaufré Rudel, em que algumas rimas consoantes do original transformam-se nas rimas toantes tão comuns na poesia trovadoresca portuguesa, é seguida por uma tradução de um soneto de Borges. O poema do grande escritor argentino, dedicado a Camões, antecipa o tom dos poemas de José De Paula Ramos Jr. que vêm a seguir. O poeta agora procura traduzir outros escritores que admira: Machado de Assis, Cesário Verde, Ezra Pound, Manuel Bandeira, Murilo Mendes, João Cabral de Melo Neto, Augusto de Campos, John Lennon, todos se tornam motivo para poemas em que, além da admiração, perpassa um profundo conhecimento da obra de cada um. Conhecimento que vai, por sua vez, muito além do saber acadêmico e transborda para experiências vivenciais bem concretas em que a literatura realmente faz sentido: ganha vida. **C**om o poema "De Inventione", retorna o pessoal, ainda imbricado com a preocupação metalingüística do fazer poético. Nos poemas seguintes, através de versos como "Em tudo há presságios" ou "Deuses desertaram a terra" a sonda da mitologia vai-se incorporando, organicamente, à sonda do pessoal. E, assim, o livro se fecha com a sonda da mitologia, com o poeta apresentando a sua teogonia, ainda em busca de um significado mais profundo para a vida caótica nesta modernidade estilhaçada. As três sondas, portanto, formam uma unidade coesa. As sondas aprofundam a busca do poeta: na palavra, sua e dos outros, na cidade, na vida, na mitologia, por onde se caminhe nestas *Sondas*, reluz a procura intensa do sentido, da unidade, da integridade do ser e do fazer. O poeta se revela inteiro, completo, perfeito e exato. Em uma só palavra: íntegro. Em nosso panorama poético, em que fingidos poetas se fingem de fingidores, De Paula é, decerto, um caso raro. Digno de nota, admiração e, claro, de leitura. A poesia contemporânea brasileira, se voz tivesse, agradeceria.

TÍTULO • *Sondas* **PRODUÇÃO** • Ateliê Editorial **PROJETO GRÁFICO E CAPA** • Marcos Keith Takahashi **EDITORAÇÃO ELETRÔNICA** • Marcos Keith Takahashi **REVISÃO DE TEXTO** • Geraldo Gerson de Souza **FORMATO** • 15 x 16,5 cm **MANCHA** • 23 x 27 paicas **TIPOLOGIA** • New Baskerville **PAPEL** • Couché fosco 120 g/m² (miolo) **NÚMERO DE PÁGINAS** • 84 **TIRAGEM** • 3 000 **FOTOLITO** • Binhos Fotolito **IMPRESSÃO E ACABAMENTO** • Lis Gráfica